WHAT I CAN LEARN FROM THE INCREDIBLE AND FANTASTIC LIFE OF OPRAH WINFREY

Text by Melissa Medina and Fredrik Colting
Illustrations by Eszter Chen
Copyright ©2017 Moppet Books

Korean Translation Copyright ©2019 Daseossure Publishing Co.
All rights reserved.
This Korean edition published by arrangement with Moppet Books through Shinwon Agency Co., Seoul.

이 책의 한국어판 저작권은 신원에이전시를 통해 Moppet Books와 독점 계약을 한
도서출판 다섯수레에 있습니다. 저작권법에 의해 한국 내에서 보호를 받는 저작물이므로
무단전재와 무단복제를 금합니다.

놀랍고 멋진 사람들
오프라 윈프리

멀리사 머디나, 프레드리크 콜팅 글
에스터 천 그림 홍연미 옮김

다섯수레

오프라 윈프리는
어떤 사람일까요?

오프라 윈프리는 유명한 텔레비전 토크쇼의 진행자였어요.
'오프라 윈프리 쇼'는 지금까지의 모든 토크쇼 가운데
가장 높은 시청률을 기록했지요.
다시 말해서, 우주 전체 어디에서도 오프라 윈프리 쇼보다
많은 사람이 본 토크쇼는 없다는 뜻이에요!
사람들은 오프라 윈프리를 "토크쇼의 여왕"이라고도 불러요.
오프라 윈프리가 어린 시절 수돗물조차 나오지 않는 농장에서
가난하게 자란 것을 생각하면 정말 놀라운 일이지요!

하지만 오프라 윈프리가 많은 사랑을 받는 진짜 이유는
수많은 사람에게 최선의 삶을 살도록 동기를 불어넣어
주었기 때문이에요.

자신이 원하는 대로 미래를 만들 수 있어요

당신은 스스로 알고 있는 것보다 **훨씬 강해요**

오프라 윈프리는 텔레비전 쇼의 대성공으로 어마어마한 부자가 됐어요! 그리고 무엇보다도 텔레비전을 통해 매일 수백만 명 앞에 설 기회를 가졌고, 그 기회를 잘 살려 전 세계에 **좋은 영향**을 끼쳤지요.

오프라 윈프리는 자신의 쇼에 온 사람들이 스스로를 특별하고 소중한 존재라고 느낄 수 있도록 배려했어요. 그래서 오프라 윈프리 쇼에 온 사람들은 그동안 어디에서도 말하지 못했던 자기 이야기를 솔직하게 털어놓곤 했지요. 텔레비전 쇼를 보는 시청자들도 오프라 윈프리를 날마다 집에 놀러 오는 친구처럼 느꼈어요. 단짝 친구가 집에 놀러 오는 것을 좋아하지 않는 사람이 누가 있겠어요?

많은 사람들이 오프라 윈프리를 전 세계에서 가장 영향력 있는 여성 가운데 한 명이라고 생각해요. 2013년에 오프라 윈프리는 대통령 자유 훈장까지 받았지요. 그래요, 바로 버락 오바마 대통령으로부터요!

오프라 윈프리에 대한
놀랍고도 재미있는 사실 몇 가지

1. 오프라 윈프리의 원래 이름은 '오르파'였어요. 성서에 나오는 인물 이름에서 따왔지요. 그런데 사람들이 자꾸 오르파를 오프라로 발음해서 윈프리는 아예 이름을 바꾸었어요.

2. 윈프리는 만으로 겨우 세 살 때 글 읽는 법을 배웠어요.

3. 윈프리는 토크쇼에서 방청객 모두에게 새 자동차를 선물한 적도 있어요.

4. 윈프리는 디즈니 영화 〈공주와 개구리〉에서 티아나 공주의 엄마인 유도라의 목소리를 연기했어요.

5 오프라 윈프리가 세운 회사의 이름은 오프라(Oprah)를 거꾸로 쓴 '하르포(Harpo)'예요.

6 윈프리가 가장 좋아하는 자동차는 폭스바겐 비틀이에요. 왜냐하면 너어어어어무 귀여우니까요!

7 윈프리가 키우는 강아지 다섯 마리는 명절 때마다 윈프리에게 꽃과 특별한 카드를 주어요.

8 윈프리는 아프리카계 미국 여성으로서는 최초로 억만장자가 됐어요!

9 윈프리는 어린이들을 교육하는 데 4억 달러가 넘는 돈을 기부했고, 남아프리카공화국에 여학생들을 위한 학교를 짓기도 했어요.

10 윈프리는 캘리포니아주에 '약속의 땅'이라고 이름 지은 아름다운 저택을 갖고 있어요.

윈프리의 이야기를 시작해 볼까요?

오프라 윈프리는 1954년 1월 29일, 미국 미시시피주 코지어스코에서 태어났어요. 윈프리의 어린 시절은 무척이나 힘겨웠어요.

윈프리의 부모님인 버넌과 버니타는 윈프리를 낳았을 때 너무 어리고 가난했어요. 두 사람은 계속 함께 살지도 않았죠. 윈프리의 어머니는 윈프리가 아직 아기였을 때 일자리를 찾아 대도시로 떠났어요.
결국 윈프리는 여섯 살이 될 때까지 외할머니인 해티 메이의 손에서 자라게 되었지요.

윈프리는 외할머니와 함께 수돗물도 나오지 않는 농장에서 살았어요. 옷을 살 돈이 없어 감자 포대로 만든 옷을 입기도 했지요. 하지만 해티 메이는 무척 특별한 사람이었고, 손녀에게 아주 많은 것들을 가르쳤어요. 글 읽는 법부터 스스로를 위해 목소리를 내는 법까지도요. 할머니는 윈프리가 자기 자신에 대해 긍정적인 생각을 가질 수 있도록 해 주었고, 그건 윈프리에게 평생토록 결코 잊을 수 없는 가르침이 되었어요.

윈프리는 여섯 살 때 대도시인 밀워키로 가 어머니와 살게 되었어요. 만세! 정말 좋은 일 같았지만 삶은 더 힘겨워질 뿐이었지요. 여전히 지독하게 가난했고, 할머니가 너무나 그리웠던 데다가 어머니는 딸을 어떻게 돌봐야 하는지 도무지 모르는 것 같았으니까요.
윈프리는 아주 어릴 때부터 자신을 스스로 돌보지 않으면 안 되겠다고 생각했고, 그건 무척이나 슬픈 일이었어요. 하지만 그랬기 때문에 윈프리는 오히려……

굳게 결심할 수 있었어요,
스스로를 위해 더 나은 삶을 만들어 가겠다고 말이에요!

조금 더 자란 뒤에 윈프리는 내슈빌로 갔어요. 이번에는 아버지와 살았지요. 윈프리의 아버지는 무척 엄격했고, 교육을 최우선 목표로 삼도록 윈프리를 격려해 주었어요.
윈프리는 아버지가 옳다고 생각했고 열심히 공부해서 우등생이 되었어요!

오프라 윈프리는 책 읽기를 좋아했어요. 그리고 점차 자신이 다른 사람들 앞에서 이야기하는 데 재능이 있다는 것을 알게 되었어요. 고등학생 때는 연설 대회에서 우승을 해 장학금을 받고 대학에 진학할 수 있을 정도였지요.

윈프리에게 차츰 밝은 미래가 다가오기 시작했어요!

열일곱 살이 되던 해인 1971년, 오프라 윈프리는
한 미인 대회에 참가해 엄청나게 많은 관객들 앞에서
연설을 했고 상도 받았어요.

한 라디오 방송국에서는 윈프리의 연설에 감명을 받아 아직 십 대였던 윈프리에게 라디오에서 뉴스를 읽는 일자리를 주기도 했어요.

윈프리는 곧바로 그 일이 무척 마음에 들었어요. 평생 걷게 될 길에 첫 발걸음을 내딛었다는 것을 알 수 있었죠.

대중 연설이라는 길 말이에요.

윈프리는 대학생이 된 뒤 내슈빌의 CBS 방송국으로부터 새로운 일자리를 제안받았어요. 방송국에서는 그동안 윈프리가 했던 노력을 잘 알았고, 뉴스의 앵커로 일해 주기를 바랐죠. 이제 윈프리는 텔레비전에 나오게 되었어요. 윈프리가 만 열아홉 살 되던 해였죠.

윈프리는 내슈빌 역사상 가장 젊은 앵커인 동시에 최초의 아프리카계 여성 앵커가 되었어요.

정말 인상적이에요, 윈프리!

1976년 윈프리는 볼티모어의 WJZ-TV로 가서 다시 뉴스 앵커 자리에 앉았지만 딱딱한 뉴스 일이 자신과 맞지 않는다는 생각이 들었어요. 그리고 그때 마침 선배가 윈프리에게 '피플 아 토킹(People are Talking)'이라는 프로그램의 공동 진행자로 일해 보지 않겠느냐고 제안을 했지요. 공동 진행자로 나선 첫날, 윈프리는 드디어 평생을 바칠 직업을 찾았다는 걸 깨달았어요. 그래요, 윈프리는 토크쇼 진행자가 되고 싶었어요!

1983년에 윈프리는 드디어 '에이엠 시카고(A.M. Chicago)'라는 텔레비전 아침 쇼의 진행자 제안을 받고 시카고로 갔어요. 하지만 곧 그 프로그램의 인기가 형편없다는 걸 알게 되었지요. 시청률 꼴찌를 달리던 프로그램이었으니까요. 그렇지만 윈프리는 너무도 사랑하는 일을 하게 돼 무척이나 행복했고 프로그램에 자신의 모든 것을 쏟아붓기로 했어요. 그리고 불과 몇 달 만에 그 프로그램의 시청률은 1등으로 치솟아 올랐지요!

곧 그 쇼의 이름은…… 오프라 윈프리 쇼로 바뀌었고 최고의 텔레비전 쇼가 되었어요!

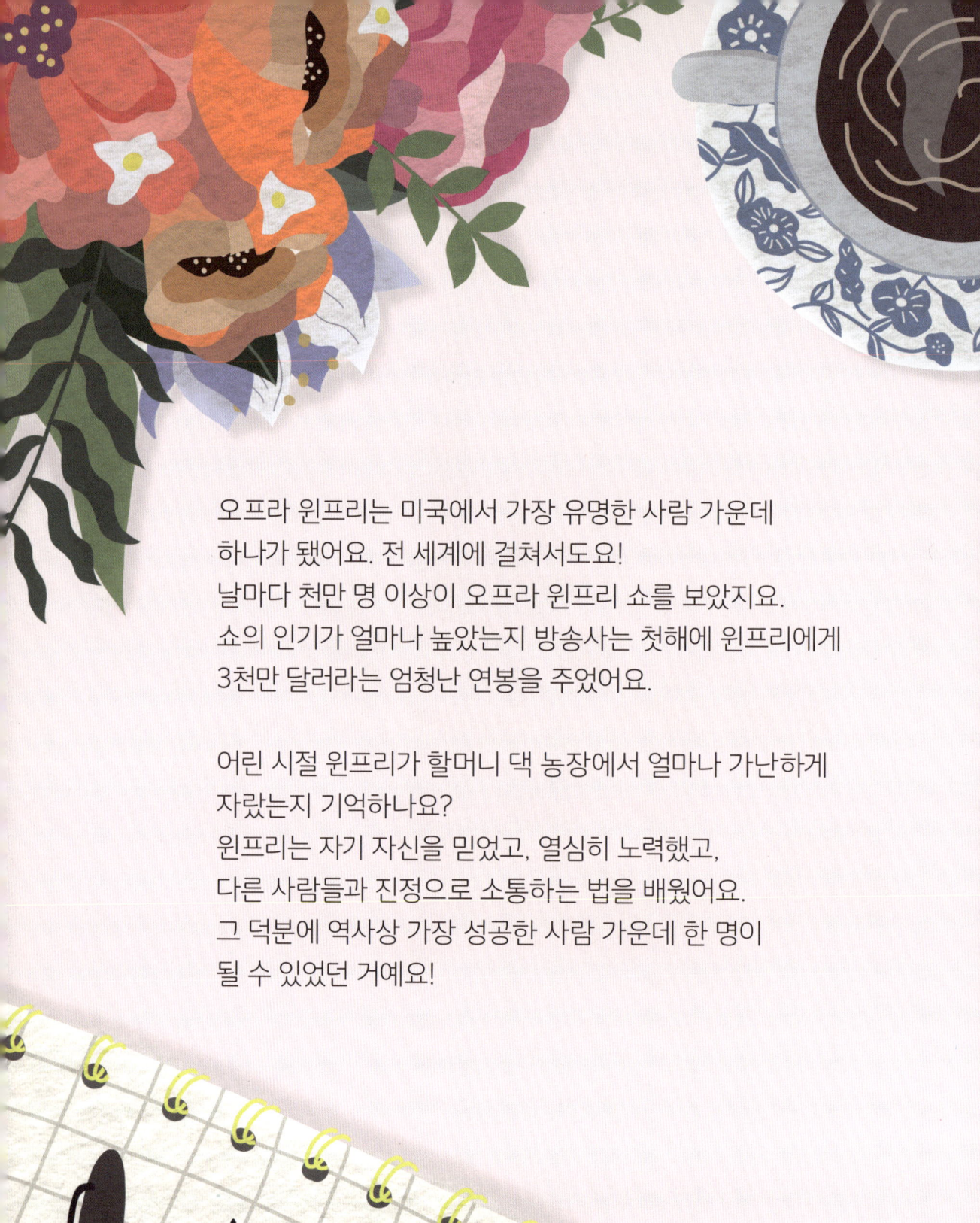

오프라 윈프리는 미국에서 가장 유명한 사람 가운데
하나가 됐어요. 전 세계에 걸쳐서도요!
날마다 천만 명 이상이 오프라 윈프리 쇼를 보았지요.
쇼의 인기가 얼마나 높았는지 방송사는 첫해에 윈프리에게
3천만 달러라는 엄청난 연봉을 주었어요.

어린 시절 윈프리가 할머니 댁 농장에서 얼마나 가난하게
자랐는지 기억하나요?
윈프리는 자기 자신을 믿었고, 열심히 노력했고,
다른 사람들과 진정으로 소통하는 법을 배웠어요.
그 덕분에 역사상 가장 성공한 사람 가운데 한 명이
될 수 있었던 거예요!

Forbes

오프라 윈프리의 경이로운 삶

아프리카계 미국인 최초의 여성 억만장자

당시에는 인기 토크쇼가 아주 많았어요. 그런데도 오프라 윈프리 쇼가 다른 프로그램들 사이에서 돋보이게 된 이유는 무엇일까요?

윈프리는 무척 진실하고 다른 사람들에게 관심이 많았어요. 윈프리는 손쉽게 이야기를 털어놓고 함께 웃음을 터뜨릴 수 있는 상대였고, 사람들에게 자신이 진정으로 걱정하고 아낀다는 느낌을 안겨 주었죠. 쇼에 나온 사람이 슬퍼한다면 윈프리는 거리낌 없이 함께 울음을 터뜨렸어요.

미국의 유명 주간지 《타임》은 오프라 윈프리에 대해 이렇게 표현했지요.

"오프라는 사람들이 관심을 기울이게 만든다. 왜냐하면 그녀가 관심을 기울이기 때문이다."

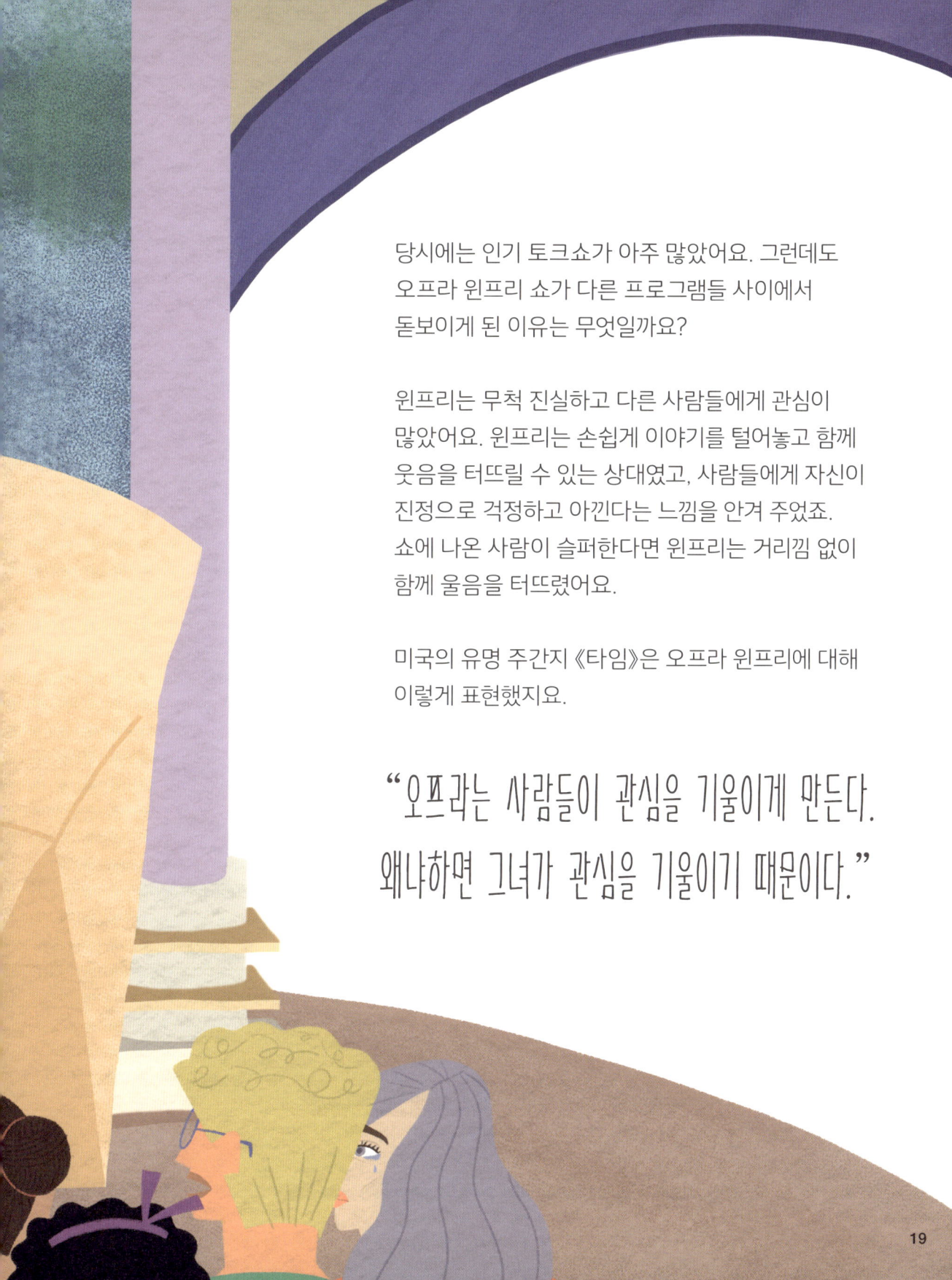

텔레비전 쇼로 가장 유명하기는 하지만
윈프리는 그 밖에도 멋진 일들을 무척 많이 했어요.

북클럽을 만들었어요.

교육과 독서는 언제나 윈프리에게 무척 중요했어요. 그래서 1996년에 윈프리는 자신의 텔레비전 쇼 시간에 '오프라의 북클럽' 시간을 만들었어요. 윈프리가 소개하는 책은 베스트셀러가 되었죠. '오프라 효과'라는 말이 널리 쓰일 정도였어요.

자신의 잡지와 라디오 채널을 만들었어요.

영화에 출연했어요.

윈프리는 1985년에 영화 〈컬러 퍼플〉에 출연해 뛰어난 연기를 보여 주며 아카데미상 후보에 올랐어요! 2013년에는 〈버틀러: 대통령의 집사〉에 출연해서 놀라운 연기로 더욱더 많은 영화상 후보에 올랐지요.

윈프리 엔젤 네트워크를 만들었어요.

윈프리는 어려운 사람들을 돕는 일에도 관심이 많았어요. 그래서 1988년에 자선 단체인 윈프리 엔젤 네트워크를 만들고 엄청난 액수의 기금을 마련해 학교를 세우거나 자연재해로 고통받는 사람들을 도왔지요.

윈프리는 교육이 중요하다고 생각해 남아프리카공화국에 여학생들을 위한 리더십 학교를 세우기도 했어요.

오프라 윈프리가 보여준 긍정적인 면들

오프라 윈프리의 삶에서 긍정적인 면을 몇 가지 꼽아 볼까요?

 **1** 노력하는 것을 두려워하지 않았어요.

오프라 윈프리는 삶에서 바라는 목표를 이루려면 열심히 노력해야 한다는 것을 잘 알고 있었어요. 윈프리는 십 대였을 때 매주 새로운 단어를 20개씩 외우곤 했는데, 그 노력은 나중에 윈프리가 훌륭한 연설가가 되는 데 크나큰 도움이 되었지요.

언제나 배우려는 자세를 갖고 있었어요.  2

오프라 윈프리는 배움을 사랑했어요. 나이가 얼마나 많든 상관없이, 더 건강해지는 법이나 더 나은 친구가 되는 법 같은 새로운 배울 것들이 많다고 생각했지요.

❤ 3 ▷ 수많은 사람을 도왔어요.

오프라 윈프리는 쇼를 통해서 다양한 사람들에게 이해받는다고 느끼게 했어요. 불운이 찾아온 사람들에게는 돈과 갖가지 물품으로 도움을 주었고 슬픔에 빠진 사람에게는 따뜻한 포옹으로 행복감을 느끼게 해주었죠.

언제나 밝은 면을 보았어요.

삶에서 어려움을 겪을 때도 오프라 윈프리는 언제나 자신이 가진 좋은 것들에 초점을 맞추려고 노력했어요. 기억해요, 우리가 찾기만 하면 모든 일에는 언제나 좋은 점이 있다는 것을요.

오프라 윈프리처럼 멋진 사람이 되려면 어떻게 해야 할까요?

무엇보다 자기 자신의 모습을 잃지 않아야 해요.
이미 여러분은 멋진 사람이니까요! 하지만 다른 사람들의 경험에서 교훈을 얻는 것도 좋은 방법이에요. 오프라 윈프리에게서 배울 점은 무엇이 있을까요?

다른 사람에게 친절히 대해요!

오프라 윈프리는 방금 만난 사람에게도 오랜 친구에게처럼 세심하게 신경을 쓰곤 했어요. 다른 사람에게 친절히 대하고 진정으로 아끼고 있다는 걸 보여 주면 그 사람도 나에게 친절하게 대해 줄 거예요.

더 많은 책을 읽어요!

모든 성공한 사람들의 공통점이 무엇인지 알고 있나요? 바로 책을 많이 읽었다는 것이에요! 오프라 윈프리는 "책은 자유로 향하는 나의 길"이라고 말한 적도 있어요. 단순히 읽는 법을 안다는 것만으로는 충분하지 않아요. 날마다 시간을 내서 책을 읽어야 해요. 그러면 미래의 내가 지금의 나에게 고마워하는 날이 올 거예요!

포기하지 말아요!

어린 시절의 삶은 몹시 힘들었지만 그래도 오프라 윈프리는 언제나 긍정적이었고 어떤 일도 절대 포기하지 않았어요. 긍정적인 생각을 하고 앞으로 나아질 거라고 믿는다면 가끔 슬프고 외로운 느낌이 들더라도 크게 두렵지 않을 거예요.

■ 멀리사 머디나 선생님은
모핏 북스의 공동 설립자이자 총책임자로 언제나 디자인, 삽화, 컬러, 스토리텔링의 세계에 빠져 있어요. 로스앤젤레스에서 프레드리크 콜팅 선생님과 함께 그림책을 만들며 이야기의 완성도를 높이기 위해 노력하고 있지요.

■ 프레드리크 콜팅 선생님은
시나리오와 어린이책을 쓰는 작가입니다. 문빔 어린이책 상을 두 차례 수상했어요.
"지구에 놀러 왔다가 마음에 들어서 머물기로 했다."고 말하곤 합니다.

■ 에스터 천 선생님은
타이베이에서 태어나고 로스앤젤레스에서 자라 두 군데를 오가며 일하고 있어요.
미국의 패서디나 아트센터를 우등으로 졸업했고 수상 경력도 있지요. 화려하고 유쾌하며 독특한 스타일로 그림, 혼합 매체, 디자인 분야를 넘나들곤 해요.

■ 홍연미 선생님은
서울대학교 영어영문학과를 졸업하고 출판 편집과 기획 일을 하다가 지금은 번역가로 활동하고 있어요. 옮긴 책으로《기분을 말해 봐!》,《동생이 태어날 거야》,《도서관에 간 사자》, 《어떡하지?》,《오싹오싹 팬티!》들이 있어요.

'놀랍고 멋진 사람들' 시리즈
1. 스티브 잡스 - 애플(APPLE)의 설립자
3. 필 나이트 - 나이키(NIKE)의 설립자
4. 잉바르 캄프라드 - 이케아(IKEA)의 설립자

오프라 윈프리

처음 펴낸 날 | 2019년 12월 5일
두 번째 펴낸 날 | 2021년 9월 5일

글 | 멀리사 머디나, 프레드리크 콜팅
그림 | 에스터 천
옮김 | 홍연미
펴낸이 | 김태진
펴낸곳 | 다섯수레

기획편집 | 김경희, 장예슬
디자인 | 이영아
마케팅 | 박희준
제작관리 | 송정선

등록번호 | 제3-213호   등록일자 | 1988년 10월 13일
주소 | 경기도 파주시 광인사길 193(문발동) (우 10881)
전화 | (02) 3142-6611(서울 사무소)
팩스 | (02) 3142-6615
홈페이지 | www.daseossure.co.kr
인쇄 | (주)로얄 프로세스

ⓒ 다섯수레, 2019

ISBN 978-89-7478-427-0 74990
978-89-7478-422-5(세트)